DIE REIHE
Archivbilder

GOTHA
AUF ALTEN POSTKARTEN

„Das ist Gotha! Gotha liegt an der Leina und hat 35 000 Einwohner; es können aber auch mehr sein. Wir haben hier eine Elektrische, ein Museum, wo es Sonntags nichts kostet, ein schönes altes Rathaus und eine Wasserkunst, die aber nur im Sommer geht. Im Park wo man oft Liebespärchen sieht, müssen die Hunde an der Leine geführt werden. Sehr schön ist auch das Denkmal vorm Schloß. Bekannt ist Gotha durch mehrere große Bänke, seine gute Servelatswurst mit und ohne Knoblauch und sein Kremartorium, wo sich die Leute verbrennen lassen, aber erst wenn sie todt sind. Es gibt hier viele schöne Mädchen und zum Vogelschießen Rostbratwürste. Adjeh!"

DIE REIHE
Archivbilder

GOTHA
AUF ALTEN POSTKARTEN

Matthias Wenzel

SUTTON
VERLAG

Sutton Verlag GmbH
Hochheimer Straße 59
99094 Erfurt
http://www.suttonverlag.de
Copyright © Sutton Verlag, 2005

ISBN 3-89702-822-0

Druck: Oaklands Book Services Ltd., Stonehouse | GL, England

Titelbild: Blick auf den Arnoldiplatz um das Jahr 1910.

„An des Thüringer Waldes Pforte / Wo des Schlosses Zinnen ragen weit / Liegt das schöne Städtchen Gotha / Einem wahren Kleinod gleich." (Postkartenverleger Albert Horn)

Inhaltsverzeichnis

Einleitung	7
1. Die Residenzstadt	9
2. Die Garnisonstadt	59
3. Die Gartenstadt	77
4. Die Fliegerstadt	101
5. Die Stadt der Versicherungsbanken	121

Mehrbild-Ansichtskarte „Die schöne Gartenstadt am Thüringer Wald", um 1940.

Einleitung

Die große kreisangehörige Stadt Gotha kann auf eine mittlerweile über 1.200-jährige Geschichte zurückblicken. Fast drei Jahrhunderte lang war sie „Residenzstadt" der Herzöge von Sachsen-Gotha-Altenburg und Sachsen-Coburg und Gotha. Aufgrund dessen war sie stets auch eine „Garnisonstadt", wovon noch heute zahlreiche Kasernenbauten zeugen. Nach der Beseitigung der alten mittelalterlichen Stadtbefestigungsanlagen entwickelte sich Gotha im 19. Jahrhundert durch die Anlage des herzoglichen Parks, von Alleen und Grünanlagen sowie durch die Erschließung von Naherholungsgebieten in der Umgebung zu einer wahren „Gartenstadt". Zu Beginn des 20. Jahrhundert machte sich Gotha dank der Luftschiffhalle und des Flugzeugbaus zusätzlich einen Namen als „Fliegerstadt". Aufgrund der 1820 und 1827 von Ernst Wilhelm Arnoldi gegründeten ersten deutschen Versicherungsanstalten wurde Gotha schließlich auch als „Stadt der Versicherungsbanken" bekannt.

Diese fünf sehr patriotischen und mehr oder minder „offiziellen" Beinamen wurden in der ersten Hälfte des 20. Jahrhunderts auf zahllosen Ansichtskarten und sogar auf Sonderstempeln verewigt. Nachdem ab 1897 die ersten Farblithographien als Postkarten erschienen waren, setzte ab 1900 ein enormer Aufschwung in der Postkartenindustrie ein. Allein in Gotha gab es mehrere Verlage, die sich ausschließlich mit der Herstellung von Ansichtskarten beschäftigten. Damals wie heute dienten diese als attraktiver Urlaubsgruß oder auch als begehrtes Sammelobjekt.

Die Grundidee dieses Bildbandes ist es, Gothas Geschichte, seine Sehenswürdigkeiten und Besonderheiten anhand der erwähnten fünf Beinamen aus der Sicht eines Postkartensammlers vorzustellen. Da meine eigene bescheidene Sammlung dafür bei weitem nicht ausreichte, war es ein glücklicher Umstand, dass die beiden Gothaer Sammler Andreas Etthöfer und Jürgen Hißner ihre Alben für diesen Zweck öffneten und mich darin stöbern ließen. Ich bin Ihnen zu großem Dank verpflichtet, da ohne sie dieses Buch in der vorliegenden Form nicht möglich gewesen wäre.

Als Ergebnis dieser mehrmonatigen Stoffsammlung ist ein Buch entstanden, in dem rund 240 seltene und zum Großteil zuvor noch nicht veröffentlichte Ansichtskarten aus der Zeit zwischen 1898 und 1940 enthalten sind. Anhand der kurzen Bildbeschreibungen lässt sich ein knappes halbes Jahrhundert Gothaer Stadtgeschichte mit seinen Veränderungen anschaulich nachvollziehen. Aus Platzgründen habe ich auf Verweise in die Gegenwart verzichtet.

Folgen Sie mir nun auf eine Zeitreise in die Residenz-, Garnison-, Garten- und Fliegerstadt Gotha. Erleben Sie den Aufschwung der Gründerzeit mit und lernen Sie die Stadt, das Schloss und das Museum kennen, wie sie sich vor 100 Jahren präsentierten. Die Euphorie bei den Zeppelinlandungen und zu Beginn des Ersten Weltkrieges wurde ebenso wenig ausgespart wie die Wiederaufrüstung im Vorfeld des Zweiten Weltkrieges. Dieses Buch lädt zum Erinnern und Wiederentdecken, aber auch zum Nachdenken und Schmunzeln über die Stadtgeschichte ein.

Gotha, im Juni 2005
Matthias Wenzel

Luftaufnahme des Gebäudekomplexes der Gothaer Feuerversicherungsbank in der Bahnhofstraße, um 1930.

1
Die Residenzstadt

Mit der 1640 erfolgten Ernestinischen Landesteilung wurde Gotha zur Residenzstadt des neu entstandenen Herzogtums Sachsen-Gotha. Unter Herzog Ernst dem Frommen wurde zwischen 1643 und 1655 das Residenzschloss Friedenstein als größte frühbarocke Schlossanlage Deutschlands erbaut. Hier residierten bis 1825 die Herzöge von Sachsen-Gotha-Altenburg und seit 1826 die Herzöge von Sachsen-Coburg und Gotha. Im November 1918 musste der letzte Gothaer Herzog, Carl Eduard, im Zuge der Novemberrevolution abdanken, und aus dem Herzogtum Gotha wurde zunächst ein Freistaat, der 1920 Teil des Freistaates Thüringen wurde. Obwohl es erst in den letzten beiden Jahrzehnten der Existenz des Herzogtums Postkarten gab, so stammt aus dieser Zeit eine sehr große Anzahl von Motiven des Residenzschlosses, der herzoglichen Gebäude und Familie, aber auch der bürgerlichen Residenzstadt, die spätestens seit 1871 alles daransetzte, diesem Ruf auch städtebaulich nachzukommen.

Gesamt- und Teilansichten der Residenzstadt waren häufige und beliebte Postkartenmotive. Diese Kombination mit dem Herzogspaar von Sachsen-Coburg und Gotha – Victoria Adelheid und Carl Eduard – gab es hingegen seltener.

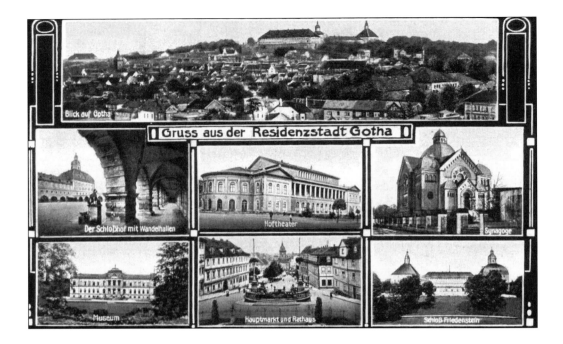

Kolorierte Mehrbild-Ansichtskarten mit dem Aufdruck „Gruß aus der Residenzstadt Gotha" waren allseits beliebt. Denn durch sie war es möglich, mehrere Motive (die zumeist gleichzeitig auch als Einzelpostkarten existierten) zu kombinieren und dem Adressaten somit einen Gesamteindruck von der Residenzstadt zu vermitteln.

Als Ausgangspunkt für die bereits erwähnten Gesamtansichten boten sich die beiden Gothaer Hausberge – der Krahn- und der Seeberg – förmlich an. Von dort hatte man die schönsten Ausblicke auf die im Tal gelegene Residenzstadt mit dem sich majestätisch darüber erhebenden Schloss Friedenstein.

Am Anfang des Rundgangs durch die Residenzstadt soll zunächst die eigentliche Stadt mit ihrem 1574 als Kaufhaus erbauten Rathaus stehen. Direkt davor steht auf dem oberen Hauptmarkt der St.-Gotthard-Brunnen, den seit 1888 eine Zinnfigur mit Bronzeüberzug des Gothaer Schutzpatrons St. Gothardus zierte. Das Rathaus wurde 1897/98 aufwändig saniert und umgebaut. Damals erhielt auch das Vestibül eine Ausmalung im historisierenden Stil.

Auch der alte Ratskeller wurde 1907 durch einen von dem Gothaer Stadtbaumeister Wilhelm Goette entworfenen Neubau ersetzt. In der benachbarten vormaligen kaufmännischen Innungshalle hatte seit 1905 die Städtische Sparkasse ihren Sitz. Durch den von einer Säule getragenen Ratskellereingang bot sich ein herrlicher Durchblick auf den unteren Hauptmarkt mit dem von Kastanien umstandenen barocken Schellenbrunnen.

Die Marktstraße verbindet den Haupt- mit dem Neumarkt. Seit 1894 fuhr hier die elektrische Straßenbahn. Die jüngste Straße im Gothaer Stadtzentrum ist die Lutherstraße, die erst 1900 vom Neumarkt zur Gartenstraße durchgebrochen wurde. Hier entstanden repräsentative Geschäftshäuser wie der 1906 fertig gestellte Sitz der bereits 1830 gegründeten „Sparkasse für das Herzogtum Gotha".

Den Neumarkt dominiert die zwischen 1494 und 1543 als dreischiffige, spätgotische Hallenkirche in ihrer heutigen Form errichtete Margarethenkirche mit dem markanten Westturm und dem „Brautportal". Vor der Kirche befand sich jahrhundertelang ein Brunnen, den die Göttin Fortuna zierte. Am Neumarkt standen vor allem alte Bürgerhäuser aus der Zeit nach dem letzten großen Stadtbrand von 1665 – wie zum Beispiel das auf beiden Postkarten abgebildete Haus „Zum Schrapfen".

Die am Neumarkt beginnende Erfurter Straße führte einst zum gleichnamigen Stadttor. Neben alten Häusern wie dem einstigen Zucht- und Waisenhaus entstanden hier zu Beginn des 20. Jahrhunderts aber auch einige Neubauten wie das 1904 eröffnete jüdische Kaufhaus „M. Conitzer u. Söhne", das jedoch bereits 1928 einem moderneren Neubau weichen musste. Auch durch die relativ enge Erfurter Straße fuhr die „Elektrische".

Am Standort des zu Anfang des 19. Jahrhunderts abgetragenen Erfurter Tores entstand knapp 100 Jahre später mit den von Julius Krusewitz entworfenen Geschäftshäusern ein repräsentativer Eingang zur Innenstadt. Auch das Haus in der Bildmitte wurde 1911 durch einen modernen Kaufhausneubau ersetzt. Bereits 1884 war der Arnoldiplatz mit dem Denkmal für den Begründer der Gothaer Versicherungsbanken in eine kunstvoll gestaltete Grünanlage verwandelt worden.

Besonders stolz waren die Gothaer auf ihr Hoftheater. Es war von 1837 bis 1839 nach Vorlagen des renommierten Architekten Carl Friedrich Schinkel erbaut worden. Bedeutende Schauspieler und Regisseure wirkten hier. Da sich Gotha zusammen mit Coburg ein Theaterensemble teilen musste, wurde in Gotha nur dann Theater gespielt, wenn gerade Hofsaison – normalerweise von Januar bis April – war.

Den Säulengang des nach 1918 in Landestheater umbenannten Musentempels zierten die Namen bedeutender Gothaer und deutscher Theaterkomponisten und -dichter wie Benda, Ekhof, Goethe, Gotter, Iffland, Lessing, Schiller und Weber. Der Zuschauerraum bot mit seinen drei Rängen insgesamt 1.200 Theatergästen Platz.

Anstelle der 1888 abgebrochenen alten Feuerversicherungsbank (siehe Seite 122) entstand im Folgejahr der Neubau des Kaiserlichen Postamtes als ein von Kuppeln bekrönter roter Klinkerbau. Rechts daneben ist die 1882 im maurischen Stil errichtete Freimaurerloge „Ernst zum Compaß" zu sehen.

Auf der anderen Seite des Karolinenplatzes stand das 1810 erbaute Erfrischungshaus („Limonadière"), in dem sich später das „Café National" und zuletzt das „Bayerische Bierhaus" befanden. Das Gebäude wurde 1910 für den zwei Jahre später eröffneten Neubau des „Schloßhotels" abgerissen.

Einen ersten positiven Eindruck der Residenzstadt Gotha bekam der Besucher durch das Gebäude des Hauptbahnhofs. Seit 1847 kommen hier die Züge aus allen Richtungen an. Der Bahnhof wurde im Laufe seiner Geschichte ständig erweitert und umgebaut. So entstand 1907 der hier abgebildete Vorbau.

Nach jahrelangem Ringen und größtenteils durch Spendengelder finanziert, konnte zwischen 1905 und 1908 in der damaligen Werderstraße das Stadtbad erbaut werden. Nach den Plänen des Stadtbaurats Wilhelm Goette entstand ein herrlicher Jugendstilbau mit Schwimmhalle, Wannenbädern und Saunabereich.

Gotha. Synagoge

Die israelitische Kultusgemeinde in Gotha konnte sich 1903 endlich den lang gehegten Wunsch nach einem eigenen Gotteshaus erfüllen. Nach den Entwürfen und unter der Leitung des Gothaer Architekten Richard Klepzig wurde die Synagoge im Stil der Neoromanik in der späteren Moßlerstraße errichtet. Am 11. Mai 1904 konnte sie unter großer Anteilnahme der gesamten Bevölkerung feierlich eingeweiht werden.

Gotha. Synagoge, Innenaufnahme

Was wäre eine Residenzstadt ohne die entsprechenden Bildungseinrichtungen? Zu den ältesten zählte die 1805 gegründete Bauschule. Die Herzoglich Sächsische Baugewerbe- und Handwerkerschule hatte zunächst im Löfflerhaus und später im einstigen Augustinerkloster ihren Sitz. 1911 erfolgte der Umzug in den von Alfred Cramer entworfenen Jugendstilbau am heutigen Trützschlerplatz. Im Gebäudeteil an der Eisenacher Straße war eine „Landwirtschaftliche Winterschule" untergebracht.

Das Gothaer Lehrerseminar wurde bereits 1779 gegründet. Seit 1888 hatte es seinen Sitz in dem kolossalen Neubau in der Reinhardsbrunner Straße und trug den Namen seines Förderers Herzog Ernst II. von Sachsen-Coburg und Gotha.

Das Gymnasium Ernestinum in der Bergallee wurde 1838 durch den Hofbaumeister Gustav Eberhard im klassizistischen Stil für das zwei Jahre zuvor gegründete Realgymnasium errichtet. 1859 verschmolz es mit dem 1524 vom Gothaer Superintendenten und Reformator Friedrich Myconius begründeten Gymnasium illustre.

Auch die aus der seit 1876 existierenden Höheren Bürgerschule hervorgegangene Realschule erhielt 1911 einen unter modernsten pädagogischen Gesichtspunkten errichteten Neubau in der Eisenacher Straße. 1916 wurde die Arnoldischule zur Oberrealschule und somit zur 13-klassigen Vollanstalt erhoben.

Die 1852 gegründete Höhere Töchterschule zog 1884 in das Gebäude der 1865 erbauten Myconiusschule in der Bürgeraue. 1913 wurde daraus ein Lyzeum und schließlich 1926 ein Oberlyzeum.

In der Gründerzeit wurden in Gotha auch mehrere Bezirksschulen erbaut. Auf die 1876 eröffnete Arnoldischule (seit 1911 Lutherschule) in der Schützenallee folgte 1881 die Gotthardschule in der gleichnamigen Straße und 1892 die Löfflerschule in der damaligen Roststraße. Die Pläne für die abgebildeten roten Klinkerbauten lieferte Stadtbaurat Julius Bertuch.

In diese Zeit fallen auch der Bau von Wasserleitungen sowie einer Kanalisation, um die zum Teil katastrophalen hygienischen Zustände zu verbessern. Im Zuge der Neupflasterung des Hauptmarktes wurde 1888 der Platz vor der Pferdetränke mit der alten Löwenbrunnenfigur aus dem Jahre 1740 als Grünanlage neu gestaltet. Als „Krone des Hauptmarktes" wurde schließlich 1895 anstelle der alten Bergmühle die Wasserkunst nach Plänen des Tiefbauingenieurs Hugo Mairich geschaffen.

Auch bei den herzoglichen Gebäuden kam es um die Jahrhundertwende zu einigen repräsentativen Neubauten. So wurde 1907 nach Plänen des Gothaer Architekten Alfred Cramer das Verwaltungsgebäude der Herzoglichen Landesbrandversicherungsanstalt am Schloßberg im Stil der Neorenaissance errichtet. Gleich daneben stand in der Friedrich-Jacobs-Straße das Hofkammeramt.

Neben dem Hofkammeramt stand das Wohn- und Sterbehaus des bedeutenden Gothaer Philologen und Bibliothekars Friedrich Jacobs, an den seit 1893 eine Gedenktafel mit lateinischer Inschrift erinnerte. Von 1849 bis 1912 befand sich in dem Gebäude das Herzogin-Marie-Institut, eine private Lehrerinnenbildungsanstalt. Zu den herrschaftlichen Gebäuden zählte auch die so genannte Alte Münze am Siebleber Wall, die seit 1821 im Besitz der Adelsfamilie von Wangenheim war.

Für den Bau des Herzoglichen Amts- und Landgerichts mit Gefängnis (1895/96) sowie des Kassengebäudes (1908) in der damaligen Friedrichsallee wurde leider die ausgedehnte Parkanlage hinter dem Schloss Friedrichsthal geopfert. Dafür entstanden zwei Monumentalbauten im neoklassizistischen Stil, die seitdem das Stadtbild bereichern.

Das Schloss Friedrichsthal war zwischen 1708 und 1711 unter Herzog Friedrich II. als Sommerresidenz außerhalb der Stadtmauern erbaut worden. Ab 1900 hatte hier das Herzogliche Staatsministerium seinen Sitz. Die Beletage des Lustschlosses zierte damals noch der mit reichen Stuckverzierungen und Deckengemälden ausgeschmückte Spiegelsaal.

Ebenfalls in der Friedrichstraße steht das so genannte Winter- oder auch Witwenpalais, das nach dem Tod Herzog Augusts (1822) zum Winterwohnsitz seiner Witwe Caroline Amalie umgebaut wurde. Nach ihrem Tod im Jahre 1848 diente es als Sitz des Staatsministeriums sowie als Wohnung des Staatsministers.

Das Herzogliche Palais in der damaligen Ohrdrufer Straße hatte sich Prinz August bereits um das Jahr 1780 im Stil einer römischen Villa erbauen lassen. Nach seinem Tod wohnten hier die Herzöge August, Friedrich IV. und Ernst II. Zeitweise diente es auch als Gästehaus für die Besucher des herzoglichen Hofes.

Unter Herzog Ernst II. von Sachsen-Coburg und Gotha wurde 1847/48 der Marstall nach Plänen des Baurats Gustav Eberhard im historisierenden Stil aus Seeberger Sandstein erbaut. Als Standort diente die Kreuzung an der im selben Jahr neu entstandenen Bahnhofstraße und der Schloßallee. Im Hintergrund ist das Kavalierhaus neben dem Herzoglichen Palais zu erkennen.

In der Jägerstraße wurde 1856/57 anstelle der alten Hofschmiede nach Plänen von Robert Scherzer die neue Herzogliche Sternwarte als Ersatz für die Alte Sternwarte auf dem Kleinen Seeberg erbaut. Bis 1934 wirkten hier bedeutende Sternwartendirektoren wie Peter Andreas Hansen und Ernst Anding. Auch das Herzogliche Museum entstand zwischen 1864 und 1879 unter der Regierung von Herzog Ernst II.

Gotha. Vorhalle z. Treppenaufgang i. Herzogl. Museum

Die 15 Jahre dauernde Bauzeit war einerseits den Kriegen von 1866 und 1870/71 und andererseits den immensen Baukosten geschuldet. Der im Stil der italienischen Hochrenaissance (Florentiner Palaststil) von dem Wiener Oberbaurat Franz Neumann d.Ä. entworfene Museumsbau verschlang die selbst für damalige Zeiten horrende Summe von 1,2 Millionen Reichsmark. Dafür wurde der Museumsbesucher bereits im Foyer und im Treppenhaus durch ein palastartiges Interieur empfangen.

Gotha. Treppenaufgang i. Herzogl. Museum

Das Herzogliche Museum diente der Aufnahme der Kunstsammlungen, deren Grundstock bekanntlich bereits Herzog Ernst der Fromme legte. Durch seine Nachfahren wurden sie durch gezieltes Sammeln systematisch vermehrt. Im Sockelgeschoss wurde die Antikensammlung und in den Oberlichtsälen des Obergeschosses die Gemäldesammlung präsentiert.

Im Museum waren Ostasiatika ebenso vertreten wie die umfangreichen zoologischen Sammlungen. Im Raum für die mittelalterliche Kirchenkunst war unter anderem auch der bekannte Gothaer Tafelaltar ausgestellt. Die einzelnen Tafeln waren seinerzeit wie Wandschirme aufgestellt, damit die Besucher alle Motive eingehend und sogar im Sitzen studieren konnten.

Vom Museum bot sich dieser Blick auf das Residenzschloss Friedenstein. Anstelle des erst später angelegten Rosengartens (siehe Seite 91) befand sich seinerzeit noch eine einfache Grünfläche, die als Reitbahn diente. Auch die Freifläche vor der eher schlichten Nordfront des Schlosses wurde erst 1904 im Zuge der Errichtung des Denkmals für den Schlosserbauer Ernst den Frommen gärtnerisch gestaltet.

RESIDENZ GOTHA. Schloßhof und Museum

Die gewaltige Dreiflügelanlage mit den seit dem Brand von 1678 unterschiedlichen Turmhauben ist seit mittlerweile 350 Jahren das weithin sichtbare Wahrzeichen Gothas. Vom Schloss bietet sich ein herrlicher Rundblick über den Schlosspark und das Museum auf die Umgebung Gothas. Der Schlosshof ist ringsum von einem Arkadengang gesäumt, dessen 54 Bögen von herrschaftlichen Wappen geziert werden.

Residenzstadt Gotha
Der Schloßhof mit Wandelhallen

Bereits 1647 richtete Herzog Ernst der Fromme eine wissenschaftliche Bibliothek in dem noch im Bau befindlichen Residenzschloss ein. Die Postkarte zeigt den ehemaligen Handschriftensaal im Erdgeschoss des Ostturmes.

Im ehemaligen Ballsaal des Westturmes ließ Herzog Friedrich I. im Jahre 1681 ein Theater im barocken Stil einbauen. Seine Glanzzeit als Hoftheater erlebte es ab 1775 unter der Direktion des „Vaters der deutschen Schauspielkunst", Conrad Ekhof.

Die ursprünglich eher spartanische Innenausstattung des Schlosses wurde von den Nachfahren Ernsts des Frommen dem jeweiligen Zeitgeist entsprechend abgeändert. So entstand zwischen 1687 und 1697 im Nordflügel anstelle des vormals riesigen Bankettsaales der abgebildete Festsaal. Obwohl er nachweislich nie als Thronsaal gedient hatte, bürgerte sich Ende des 19. Jahrhunderts dennoch diese Bezeichnung ein.

Die Architektur des Schlosses wurde im Inneren vor allem durch Galerien geprägt, die sich über die gesamte Länge der Flügel erstreckten. So gab es im Ostflügel die Buchwald-Galerie und im Westflügel die Weimarische sowie die hier abgebildete Hirschgalerie im ersten Obergeschoss. Die im Nordflügel befindliche Galerie wurde aufgrund ihrer Lage über der Schlosskirche als Kirchgalerie bezeichnet.

Die historischen Wohn- und Repräsentationsräume im Nordflügel haben sich über die Jahrhunderte nur wenig verändert. Das lag sicherlich vor allem daran, dass die Herzöge das Palais in der Ohrdrufer Straße dem kalten Schloss vorzogen. Erst der ab 1893 regierende Herzog Alfred ließ sich im Ostflügel mehrere Räume zu Wohnzwecken herrichten. Die beiden Postkarten zeigen das Audienz- sowie das Große Gobelinzimmer im Nordflügel.

Auch im so genannten Kaiserzimmer hing einst ein kostbarer flämischer Gobelin. Der darunter abgebildete Salon der Herzogin Victoria Adelheid präsentierte sich dagegen als ein im Geschmack des frühen 20. Jahrhunderts eingerichteter Raum. Bereits ab 1894 waren im Schloss elektrisches Licht sowie eine Warmwasserheizung installiert worden.

Auch der große Spiegelsaal im zweiten Obergeschoss des Ostflügels diente bis 1918 zu Wohnzwecken. Trotz der Größe des Raumes war es gelungen, gemütliche Ecken und Sitzgruppen wie die unten abgebildete Kaminpartie zu schaffen. In den 1920er-Jahren bekam übrigens die nunmehrige Landesbibliothek den Saal sowie die darunter gelegene Buchwald-Galerie zugesprochen.

Neben den herzoglichen Gebäuden wurden natürlich auch die Mitglieder des Herzogshauses sowie bestimmte wichtige Ereignisse auf Postkarten verewigt. Dadurch lassen sich zumindest die letzten 20 Jahre des Herzogtums fast lückenlos verfolgen. Den Anfang macht Alexandrine, die Witwe Herzog Ernsts II. von Sachsen-Coburg und Gotha, die ihren Gatten um elf Jahre überlebte und am 20. Dezember 1904 84-jährig auf Schloss Callenberg bei Coburg verstarb.

Von Herzog Ernst II. wurde sogar nachträglich eine Postkarte veröffentlicht, denn zu seinem Todeszeitpunkt gab es noch keine Ansichtskarten. Der Herzog präsentiert sich darauf im Gehrock und Zylinder fast als ein Bürgerlicher. Lediglich im Hintergrund ist eine Ecke des Schlosses Reinhardsbrunn zu sehen, wo er am 22. August 1893 nach fast 50-jähriger Regentschaft gestorben war.

Mit die ersten Farblithographien in Postkartenform erschienen – als „officielle Kunst-Postkarten" – anlässlich der Landesgewerbeausstellung, die vom 9. Juli bis zum 7. August 1898 in Gotha stattfand. Der Platz vor dem Schießhaus wurde seinerzeit in ein attraktives Ausstellungsgelände verwandelt.

Auch die Silberhochzeit des Herzogspaares am 23. Januar 1899 war ein willkommener Anlass für die Gestaltung etlicher Postkartenmotive. Herzog Alfred, Sohn der englischen Queen Victoria und ihres Prinzgemahls Albert, hatte sich 1874 mit der russischen Großfürstin Maria Alexandrowna vermählt.

Die nunmehrige Herzogin Marie, wie sie eingedeutscht genannt wurde, engagierte sich wie bereits ihre Vorgängerinnen für soziale Belange. So wurde unter ihrem Protektorat die Herzogin-Marie-Stiftung in der Pestalozzistraße erbaut. Dabei handelte es sich um ein Asyl für Schwachsinnige, das im damaligen Sprachgebrauch als „Idiotenanstalt" bezeichnet wurde.

Zur Erinnerung
an den
Erbprinzen ALFRED von Sachsen-Coburg-Gotha.
Geb. 15. October 1874 — Gest. 6. Februar 1899.

Zur Erinnerung an S. Kgl. Hoheit

Herzog Alfred von Sachsen-Coburg-Gotha
Geb. am 6. August 1844 zu Windsor Castle.
Gest. am 30. Juli 1900 auf Schloss Rosenau.

Nur wenige Tage nach der erwähnten Silberhochzeit starb in Südtirol der Thronfolger, Erbprinz Alfred, im Alter von gerade einmal 24 Jahren. Sogar von der Überführung seiner Leiche nach Schloss Friedenstein existiert eine Postkarte. Knapp anderthalb Jahre später starb auch sein Vater, Herzog Alfred von Sachsen-Coburg und Gotha.

Überführung der Leiche
Sr. Kgl. Hoheit des Erbprinzen
Alfred von S. C. G. nach Schloss Friedenstein.

Die Regentschaft im Herzogtum übernahm Alfreds 16-jähriger Neffe Carl Eduard. Bis zu dessen Volljährigkeit regierte jedoch Erbprinz Ernst zu Hohenlohe-Langenburg – ein Schwiegersohn Alfreds – als Prinzregent oder auch Regierungsverweser. Während seiner fünfjährigen Regentschaft zierte er etliche Postkarten, wie die 1902 zum 50-jährigen Verfassungsjubiläum und 1904 anlässlich der vaterländischen Festspiele im Hoftheater erschienenen.

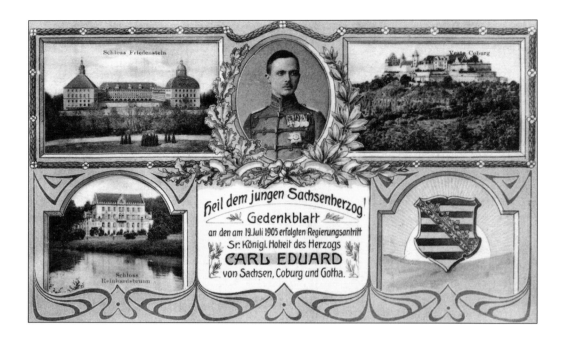

Am 19. Juli 1905, seinem 21. Geburtstag, trat Herzog Carl Eduard die Regierung im Doppelherzogtum Sachsen-Coburg und Gotha an. Bereits im Vorfeld dieses historischen Ereignisses erschien eine Vielzahl von mehr oder weniger künstlerisch wertvollen Postkarten, die den jungen Herzog sowie seine Residenzschlösser in Coburg, Gotha und Reinhardsbrunn zeigten.

Höhepunkt seines Regierungsantritts war der feierliche Einzug in die Residenzstadt Gotha. Nachdem der Herzog mit dem Zug angekommen war, bestieg er am Bahnhof eine Kutsche und fuhr durch die mit eine Ehrenpforte ausgeschmückte Bahnhofstraße in Richtung des Schlosses Friedenstein. Auf der unteren Postkarte biegt die Kutsche gerade von der Bahnhofstraße in die Schloßallee ein.

Herzlich willkommen!
Zum Gedächtniss an die Vermählung und den feierlichen Einzug Ihrer K. K. H. H. des Herzogs Carl Eduard und der Frau Herzogin Victoria Adelheid, geb. Prinzessin von Schleswig-Holstein-Sonderburg-Glücksburg.

Durch die am 15. Februar 1905 in Berlin erfolgte Verlobung des Herzogs mit der Prinzessin Victoria Adelheid von Schleswig-Holstein-Sonderburg-Glücksburg kündigte sich bereits der nächste Höhepunkt an: die Hochzeit eines Neffen des englischen Königs (und zugleich Cousin des deutschen Kaisers) mit einer Nichte der deutschen Kaiserin.

DEM HOHEN PAARE HEIL UND SEGEN
Schloss Claremont — Schloss Glücksburg
HERZOG CARL EDUARD UND HERZOGIN VICTORIA ADELHEID von Sachsen-Coburg u. Gotha

Herzog Carl Eduard u. Herzogin Victoria Adelheid bei der Ankunft in Gotha am 12. November 1905.

Nachdem sich das junge Paar am 11. Oktober 1905 in Glücksburg das Ja-Wort gegeben hatte, erfolgte einen Monat später, am 12. November, der Einzug des Herzogspaares in die Residenzstadt Gotha. Wie bereits im Juli hatte die Gothaer Bevölkerung die Gelegenheit, das junge Paar auf der Strecke zwischen Hauptbahnhof und Schloss Friedenstein zu begrüßen.

Einzug des Herzogs Carl Eduard und der Herzogin Victoria Adelheid in Gotha am 12. November 1905

Zwischen 1906 und 1912 wurden dem Herzogspaar vier Kinder geboren: Erbprinz Leopold, Sibylla, Hubertus und Caroline Mathilde. 1918 folgte noch der jüngste Sohn Friedrich Josias. Postkarten mit einzelnen oder allen Mitgliedern der herzoglichen Familie hatten in dieser Zeit Hochkonjunktur. Vor allem die Herzogin ließ sich mit ihren Kindern oft und gern für gemeinnützige Zwecke ablichten.

Viktoria Adelheid-Haus, Gotha.

Hausdiele

Auch die neue Herzogin engagierte sich für die sozialen Belange ihrer Untertanen. Deshalb trugen das 1908 als Schwesternhaus errichtete „Victoria-Adelheid-Haus" neben dem Landeskrankenhaus in der Erfurter Landstraße und die 1912 eingeweihte „Victoria Adelheid-Pflege" (Säuglingsheim mit Schwesternstation) in der Schlichtenstraße ihren Namen.

Im Ersten Weltkrieg musste sich das Herzogspaar anderweitig für die vaterländischen Belange engagieren: Während Herzog Carl Eduard als General an der Front unter anderem auch gegen seine englischen Verwandten kämpfte, kümmerte sich die Herzogin an der „Heimatfront" um die Verwundeten in den Lazaretten oder nagelte die eiserne Gotha-Taube als Beitrag zur Kriegsfinanzierung. Mit der Novemberrevolution endete 1918 die Geschichte des Herzogtums und damit auch Gothas Geschichte als Residenzstadt.

Nagelung der „Eisernen Gotha-Taube" durch I. K. Hoheit Herzogin Viktoria Adelheid. 26. Sept. 1915.

2

Die Garnisonstadt

Eng verbunden mit Gothas Rolle als Residenzstadt ist die als Garnisonstadt. Spätestens seit Herzog Ernst dem Frommen besaß Gotha eigene Truppenteile. 1699 wurde das Ordonnanzhaus zur Unterbringung der herzoglichen Leibgarde errichtet. 1823 wurde dieses zur Kaserne des I. Bataillons des 1807 gegründeten 6. Thüringischen Infanterieregiments Nr. 95. Die „95er" konnten 1845 den zeitgemäßeren Kasernenneubau in der Bürgeraue beziehen. Dahinter entstanden später das Lazarett, die Kaserne II, das Offizierscasino sowie die Maschinengewehrkaserne. Während des Ersten Weltkrieges hatten Postkarten mit militärischen Motiven Hochkonjunktur. Sie zeugen von der anfänglichen Euphorie und dem damals vorherrschenden Patriotismus. Auch im Vorfeld des Zweiten Weltkrieges wurden die im Zuge der Wiederbewaffnung errichteten neuen Wehrmachtskasernen auf Postkarten verewigt.

Diese aus den 1930er-Jahren stammende Postkarte hätte mit einem anderen Spruch ebensogut auch für die Residenz- oder Gartenstadt stehen können. So aber wurde Gothas wiedererlangte Rolle als Garnisonstadt verherrlicht.

Wie bereits eingangs berichtet, war die Kaserne in der Bürgeraue Gothas erster moderner Militärbau, der zwischen 1843 und 1845 nach Plänen des Gothaer Hofbaurats Gustav Eberhard errichtet wurde. Bis 1918 war hier das I. Bataillon des 6. Thüringischen Infanterieregiments Nr. 95 stationiert. Nach dem Bau der Kaserne II (siehe Seite 62 oben) wurde sie als Alte oder auch Kaserne I bezeichnet.

Direkt hinter der Alten Kaserne wurde zwischen 1869 und 1871 ein Militärlazarett gebaut. Zumindest die Vorentwürfe machte der 1865 pensionierte Baurat Eberhard. Dadurch erinnert das im neogotischen Stil errichtete Gebäude stark an die alte Lebensversicherungsbank in der Bahnhofstraße 2 (siehe Seite 126 oben). Vor dem Eingang ließen sich die Soldaten offensichtlich gern fotografieren.

Oberhalb des Lazaretts entstand 1894/95 an der damals noch unbebauten unteren Kaiserstraße die bereits erwähnte Kaserne II für das IV. Bataillon der „95er". Bereits 1897 zog hier jedoch das Bezirkskommando Gotha sowie die 2. Kompanie des I. Bataillons aus der Kaserne I ein.

Auf dieser um 1910 entstandenen Luftaufnahme ist das gesamte Kasernenareal mit der Alten und Neuen Kaserne, dem Lazarett sowie dem Offizierscasino zu sehen. Davor ist das Dach der hölzernen Exerzierhalle zu erkennen.

Das Kasernenviertel wurde 1897/98 durch den Bau eines Offizierscasinos an der nach einem Gothaer Regimentskommandeur benannten Beckedorffstraße vervollständigt. Es wurde auch als Offizier-Speiseanstalt oder Altes Offizierheim bezeichnet.

Diese Postkarte entstand 1907 anlässlich des 100-jährigen Jubiläums des 6. Thüringischen Infanterieregiments Nr. 95, dessen Bataillone in Gotha, Hildburghausen und Coburg stationiert waren. Deshalb sind neben dem deutschen Kaiser noch die Herzöge Carl Eduard von Sachsen-Coburg und Gotha sowie Georg II. von Sachsen-Meiningen-Hildburghausen als Regimentschefs abgebildet.

In der verlängerten Beckedorffstraße, die seit 1913 Blücherstraße hieß, wurde unmittelbar vor dem Ausbruch des Ersten Weltkrieges noch eine Maschinengewehr-Kaserne für die MG-Kompanie der „95er" gebaut. Erst Mitte der 1920er-Jahre entstand direkt dahinter das so genannte Feldherrenviertel. Das vor den Fahrzeughallen entstandene Gruppenfoto diente als Feldpostkarte.

Zur Erinnerung an den 19. Juli 1914, letzter Kirchgang vor dem Weltkrieg, I. Bat. I.R. 95, Gotha

Natürlich mussten auch die „95er" sofort nach Ausbruch des Ersten Weltkrieges ins Feld rücken. Die obere Postkarte erinnerte an den kurz davor anlässlich des 30. Geburtstages des Herzogs stattgefundenen Kirchgang. Wenig später wurden die Soldaten bereits mit einer Truppenparade auf dem Schlosshof an die Front verabschiedet.

Solche oder ähnliche Postkarten erschienen in vielen deutschen Städten. Sie zeigten, wie Soldaten mit einem Blumengruß von der Liebsten siegesbewusst an die Front zogen. Damals war noch nicht absehbar, dass es für viele keine Rückkehr in die Heimat geben würde.

Das Kriegsjahr 1915 war auch auf den Postkarten noch von Euphorie und Siegeszuversicht gekennzeichnet. Davon kündeten unter anderem die „treu-deutschen Grüße" sowie die am Mühlgrabenweg aufgestellten Beutegeschütze. Im Hintergrund ist die Rückseite des Säuglingsheims in der Schlichtenstraße (siehe Seite 57 unten) zu sehen.

Der Stadt Gotha im Kriegsjahr 1915 zugeteilte Beutegeschütze

Im Kriegsjahr 1915 gab es in Gotha aber auch schon eine Reihe von Reservelazaretten zur Versorgung der vielen Verwundeten. Diese befanden sich unter anderem im Schloss Friedenstein, im Parkpavillon, im Volkshaus zum Mohren sowie im Schießhaus. So fröhlich wie auf der im so genannten Nachmittagsheim entstandenen Postkarte ging es dort jedoch mit Sicherheit nicht immer zu.

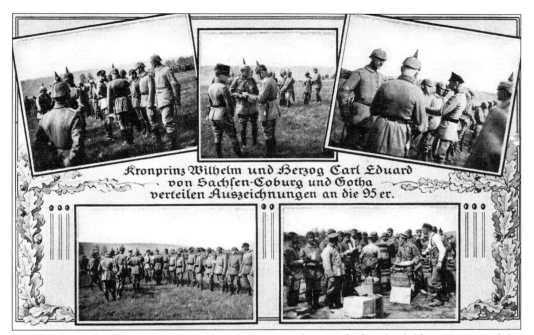

Von der Front kamen nicht nur Feldpostkarten, sondern auch die abgebildete Karte, auf der die Verteilung von Auszeichnungen durch den Herzog und seinen Großcousin an die „95er" zu sehen ist.

Sogar beliebte Soldatenlieder dienten als Vorlage für Postkartenmotive. Makaber mag es für manche Soldatenmutter oder -gattin gewesen sein, wenn auf den Erhalt einer solchen Feldpostkarte die Nachricht vom „Heldentod" an der Front kam.

Vom 15. Juli bis zum 16. August 1916 fand in der Orangerie „zum Besten des Roten Kreuzes" die „Deutsche Kriegsausstellung für Thüringen" statt. Aus diesem Anlass wurde sogar die am 26. September 1915 auf der Wiese oberhalb der Orangerie aufgestellte „Eiserne Gotha-Taube" (siehe Seite 58 unten) hierher umgesetzt.

Im nördlichen Orangenhaus befand sich seinerzeit die Abteilung Heer und Marine der Kriegsausstellung. Hier waren unter anderem Beutewaffen wie die abgebildete belgische 15-cm-Kanone, französische 5,7-cm-Kanonen, Brustpanzer, Gewehre, Säbel usw. ausgestellt.

Schutzpolizei-Unterkunft, Gotha

Nach dem für Deutschland verlorenen Krieg forderte der Versailler Vertrag die vollständige Entmilitarisierung. Die einstige Garnisonstadt Gotha beherbergte deshalb seit 1920 lediglich in der Bürgeraue-Kaserne eine Abteilung der Landespolizei Thüringen. Auf dem Kasernenplatz fanden in dieser Zeit nur noch Kameradschaftstreffen der ehemaligen „95er" statt.

Erst mit der durch das Naziregime im Zuge der Wiederbewaffnung geschaffenen Wehrmacht wurde Gotha umgehend wieder zur Garnisonstadt. Der Postkartenmarkt reagierte prompt mit der Herausgabe entsprechender Motive. In die Alte Kaserne in der Bürgeraue zog 1936 das Ersatzbataillon des Infanterieregiments 71 ein.

1934 wurde in der Ohrdrufer Straße mit dem Bau einer neuen Kaserne begonnen. Anfangs waren hier Teile einer Fahrabteilung stationiert, doch 1935 zogen der Stab sowie die I. Abteilung des motorisierten Flakregiments 3 der Luftwaffe ein. Der Kaserneneingang befand sich damals noch direkt an der Ohrdrufer Straße.

Die Kaserne hatte die typischen Baumerkmale einer Einheitskaserne des Heeres: Längs einer zum Stabsgebäude führenden Zentralstraße standen die Mannschaftshäuser sowie die Wirtschaftsgebäude. Vor dem Stabsgebäude befand sich ein kleiner Appellplatz, den der Reichsadler zierte.

Zwei weitere Wehrmachtskasernen entstanden ab 1936 im Westen der Stadt. In die Neue Infanterie-Kaserne zog 1938 das I. Bataillon des Infanterieregiments 71 aus der Bürgeraue-Kaserne um. In die 1937/38 an der heutigen Schubertstraße errichtete Aufklärer-Kaserne zog die Aufklärungsabteilung 29 ein.

3

Die Gartenstadt

Gothas Ruf als Gartenstadt wurde ab 1768 mit der Anlage des herzoglichen Parks durch den damaligen Erbprinzen und späteren Herzog Ernst II. von Sachsen-Gotha-Altenburg begründet. Innerhalb nur weniger Jahre war nach englischem Vorbild zunächst südlich der heutigen Parkallee der „Garten des Herzogs" und schließlich ab 1772 rings um das Schloss Friedenstein der „Garten der Herzogin" mit dem Teeschlösschen entstanden. Mit der 1806 begonnenen Abtragung der alten Stadtbefestigungsanlagen begann auch die Stadt, ihr Zentrum in Form von Alleen mit einem Grüngürtel zu umgeben. Ab 1871 wurden dann auch die beiden Gothaer Hausberge See- und Krahnberg gezielt als Erholungsgebiete für die Bevölkerung erschlossen und aufgeforstet. Großen Anteil an der Gestaltung der Gartenstadt hatte der Gothaer Verschönerungsverein. Es gab aber auch noch die Vereinigung „Aquarium", die ab 1882 im Süden Gothas die erste Freilandanlage Deutschlands schuf. Letzter Höhepunkt war schließlich der 1927/28 erfolgte Bau der Gartenstadtsiedlung „Am schmalen Rain". All dies wurde natürlich auf zahllosen Postkarten für die Nachwelt festgehalten.

Mit solchen oder ähnlichen Postkarten wurde Gothas Ruf als Gartenstadt werbewirksam in die Welt hinausgetragen. Es existierten aber auch Karten mit reichlich kitschigen und banalen Sprüchen wie beispielsweise „Gotha, bekannt als Gartenstadt, auch allerliebste Mädels hat".

Auf dieser Luftaufnahme ist ein Großteil des Schlossparks zu sehen. Es ist deshalb nur noch schwer vorstellbar, dass das Schloss Friedenstein bis 1772 von einem gewaltigen Festungswerk umgeben war. Der Platz zwischen Schloss und Museum war bis 1927 eine einfache Grünfläche, die ursprünglich als Exerzierplatz und später als Reitbahn diente.

Wie bereits berichtet, wurde auch der Platz nördlich des Schlosses erst mit der Errichtung des Denkmals für Herzog Ernst den Frommen gestaltet. Die Aufnahme muss deshalb aus dem Einweihungsjahr 1904 stammen, denn die Gärtner sind noch mitten in der Arbeit.

Das bereits um 1780 im damaligen „Garten der Herzogin" in Form einer gotischen Kapelle erbaute Teeschlösschen wurde 1894, als mit Herzog Alfred ein Engländer den Herzogsthron bestieg, in eine anglikanische Kirche verwandelt. Damals stand auch die an den englischen Prinzgemahl erinnernde Albertsbuche noch.

Die Orangerie ist der älteste Teil der Gartenstadt. Bereits 1717 wurde hier ein Lustgarten als architektonische Verbindung zwischen den Schlössern Friedenstein und Friedrichsthal errichtet. Unter Herzog Friedrich III. wurde er ab 1747 durch den weimarischen Landesoberbaudirektor Gottfried Heinrich Krohne neu projektiert. Es entstand eine einheitliche, symmetrische Anlage mit je einem Orangen- und einem Treibhaus an der Nord- und Südseite.

Die heutige Grundrisslösung des Orangeriegartens entstand um das Jahr 1800. Geschmackvoll gestaltete Blumenrabatten und Hunderte von tropischen Kübelpflanzen luden seitdem zum Spazierengehen auf den Promenadenwegen und zum Verweilen auf den zahlreich aufgestellten Ruhebänken ein. Der abgebildete kunstvolle Brunnen wurde leider bereits nach 1914 der Kriegswirtschaft zugeführt.

Auch die zahlreichen Alleen trugen zu Gothas gutem Ruf als Gartenstadt bei. Sie wurden größtenteils gleich nach der ab 1806 erfolgten Beseitigung der alten Stadtbefestigungen rund um das Stadtzentrum angelegt. Abgebildet sind hier die direkt neben dem Schlosspark gelegene Lindenauallee sowie die zum Museum führende Schloßallee. Links im unteren Bild ist noch die alte Bebauung des so genannten Prellerschen Hofes zu sehen.

Der ab 1768 vom damaligen Erbprinzen und späteren Herzog Ernst II. von Sachsen-Gotha-Altenburg angelegte „Garten des Herzogs" ist einer der ältesten englischen Landschaftsparks auf dem europäischen Kontinent. Auf der Insel des künstlich angelegten Parkteichs befindet sich die Begräbnisstätte des 1804 verstorbenen Fürsten.

Neben eigens hierher umgesetzten Eichen zierten den Schlosspark auch exotische Bäume wie die abgebildete Sumpfzypresse, die direkt am Parkteich stand. Im Hintergrund ist das Museum zu erkennen. Nachdem bereits ab 1786 die Honoratioren der Stadt im Park wandeln durften, wurde er 1827 für alle Bürger zugänglich gemacht.

Nach wie vor ein Naturdenkmal ersten Ranges ist die wegen ihrer eigentümlichen Form im Volksmund als Lyrakiefer bezeichnete Weymouthskiefer am südöstlichen Parkausgang. Der Baum, einer der ältesten des Schlossparks, stammt aus einem Garten in Kew bei London und wurde durch den ersten Gestalter des Parks, John Haverfield, hierher umgesetzt.

Selbst der Stumpf einer 1897 bei einem Sturm abgebrochenen alten Eiche wurde umgehend gärtnerisch gestaltet, wie die oben abgebildete Farblithographie aus dem Jahre 1898 beweist. Im Frühjahr 1905 wurde dann der etwa drei Meter hohe Baumstumpf sogar mit einer Laube aus Naturholz umgeben, die fortan als schattiger Ruheplatz diente.

Auch der Parkteich bot Gelegenheit für mancherlei Freizeitbetätigungen. So war im Winter zumindest eine Hälfte zum Schlittschuhlaufen für die Bevölkerung freigegeben. Im Sommer konnte man dann mit der in der Bildmitte erkennbaren Fähre zur Parkteichinsel übersetzen oder sich an der Gondelstation ein Ruderboot ausleihen.

Beliebt als Fotomotiv war auch der bereits unter Herzog Ernst II. als Blickfang angelegte dorische Tempel. Ansonsten zierten den Park mehrere allegorische bzw. Gothaer Persönlichkeiten gewidmete Denkmäler wie das abgebildete Denkmal für den 1817 verstorbenen Herzoglichen Rat August Geutebrück, das eine Sphinx aus Seeberger Sandstein zierte.

Gartenstadt Gotha. Sphinx im Herzogl. Park.

Direkt neben dem Schlosspark öffnete 1875 der Parkpavillon seine Pforten und entwickelte sich schnell zu einem beliebten Ausflugslokal der Gothaer. Gastwirte wie Franz Kampf waren stets bemüht, ihren Gästen immer etwas Neues zu bieten. Die Palette reichte dabei von Freiluftkonzerten bis zu Varieté- und Theateraufführungen im Saal.

Der Parkpavillon diente vom 9. bis zum 17. September 1905 auch als Veranstaltungsort für die Jubiläums-Gartenbau-Ausstellung, die anlässlich des 75-jährigen Bestehens des 1830 in Gotha gegründeten Thüringer Gartenbauvereins und unter der Schirmherrschaft Herzog Carl Eduards stattfand. Damals verwandelte sich das Gelände hinter dem Parkpavillon in eine prachtvolle Ausstellungsfläche.

Ein Vierteljahrhundert später wurde anlässlich des 100. Jubiläums von Juli bis Oktober 1930 in Gotha die Deutsche Rosenschau veranstaltet. Als ein bleibendes Ergebnis entstand bis 1932 der Rosengarten rings um das 1927 eingeweihte „Denkmal für die im Weltkriege gefallenen Helden des 6. Thür. Infanterie-Regiments 95 und der aus ihm hervorgegangenen Truppenverbände".

Die 1882 unter dem Namen „Aquarium" gegründete Interessengemeinschaft von Naturfreunden verwandelte einen im Süden Gothas gelegenen alten Röhrenteich in die erste Freilandanlage Deutschlands. Bis zur Jahrhundertwende wurden zwei weitere Teich angelegt und umfangreiche botanische Anpflanzungen vorgenommen.

Oberhalb des alten Aquariums entstand 1927 in der Nähe des Königsbrunnens ein weiteres unter dem Namen „Nymphaea" durch die 1913 gegründete neue Vereinigung der „Gothaer Aquarien- und Terrarienfreunde". Bereits 1926 hatte der seit 1922 bestehende Verein der Aquarien- und Terrarienfreunde „Danio" den Grundstein zur Anlage eines Tümpelgartens am Töpfleber Weg gelegt.

Ab 1794 verwandelte der Gothaer Kaufmann Ernst Friedrich Arnoldi viereinhalb Hektar auf dem bis dahin unbewaldeten Krahnberg in eine parkartige Anlage. In diesem Berggarten ließ 1829/30 seine Witwe Sabine Elisabethe zu seinem Andenken den Arnolditurm errichten. Dieser 25 Meter hohe Aussichtsturm mit wertvoller Inneneinrichtung und ein Teil des Berggartens wurden 1872 als „E.F. & S.E. Arnoldische Familienstiftung" der Stadt Gotha geschenkt.

Gotha. Blick vom Berggarten.

Vom Arnolditurm bot sich diese herrliche Aussicht über die Dächer der Stadt Gotha und das Schloss Friedenstein auf den Seeberg, der ebenfalls gezielt als Erholungsgebiet der Gothaer Bevölkerung aufgeforstet wurde. Das unten abgebildete idyllische Gartenhäuschen ließ sich Ernst Wilhelm Arnoldi 1826 auf dem Familiengrundstück errichten.

Gotha, Arnoldi-Tempelchen im Berggarten

Der 1872 gegründete Gothaische Verschönerungsverein bekam den Berggarten zur Pflege und öffentlichen Nutzung überlassen. Bereits 1874 konnte hier ein Gartenlokal eröffnet werden. Die obige Postkarte zeigt dieses vor dem 1904 erfolgten Erweiterungsbau. Zusätzlich gab es auf dem Gelände noch einen Kinderspielplatz sowie seit 1887 einen Musikpavillon, wo Freiluftkonzerte stattfanden.

Auch das Gelände des Galbergs wurde nach und nach aufgeforstet. Bereits zu Arnoldis Zeiten war der von einer Tuffsteingrotte umgebene Lüderitzbrunnen gefasst worden. Auf der abgebildeten Postkarte sind noch die links und rechts davon aufgestellten Sphingen zu sehen. Anfang des 20. Jahrhunderts wurde im „Stadtpark West" auch der unten abgebildete Goldfischteich künstlich angelegt.

Um die Erschließung des Krahnberges als Erholungslandschaft haben sich mehrere Gothaer Persönlichkeiten verdient gemacht. Bis 1895 engagierte sich der ehrenamtliche Senator Ehrenfried Freund, dem 1896 aus Dankbarkeit die so genannte „Freund's Ruhe" gewidmet wurde. Dem langjährigen Vorsitzenden des Verschönerungsvereins Ernst Adolph Müller wurde 1902 anlässlich seines 70. Geburtstages ein eiserner Pavillon („Müllertempel") in der Klinge errichtet.

Der verdienstvolle Nachfolger von Freund war Senator Bernhard Frank. Anlässlich seines 70. Geburtstages im Jahre 1911 wurde nach einem Entwurf des Stadtbaurats Ludwig Schrauff der „Frank-Tempel" auf einer damals noch kahlen Stelle des Krahnbergs errichtet.

Senator Freund hinterließ der Stadt Gotha testamentarisch unter anderem 6.000 Mark zum Bau eines „Aussichtsturmes aus Stein und Eisen". Die den römischen Grenzwachtürmen des Limes nachempfundene „Freundwarte" wurde 1914 an der Eisenacher Straße erbaut.

In der Zeit der Weimarer Republik machte Gotha durch den Bau der Gartenstadtsiedlung „Am schmalen Rain" von sich reden. Im Süden Gothas entstand 1927/28 eine von den Gothaer Architekten Richard Neuland und Bruno Tamme projektierte Wohnanlage mit 96 Reihenhäusern, die sich um einen Gemeinschaftsbau gruppierten. Die untere Postkarte stammt aus der Zeit nach 1933, als der Walter-Rathenau-Ring bereits in Horst-Wessel-Platz umbenannt war.

4
Die Fliegerstadt

Die Geschichte Gothas als Fliegerstadt begann 1909 mit der Gründung des Landesverbandes Gotha des „Deutschen Luftflottenvereins". Kurz darauf gründete sich ein „Verein für den Bau und den Betrieb eines Luftschiffhafens in Gotha". Gotha war durch seine günstige geographische Lage an der Verkehrsstrecke Berlin–Rheinland in jeder Hinsicht für die Anlage eines Flughafens geeignet. Am 9. Juli 1910 erfolgte die feierliche Einweihung der „Carl-Eduard-Luftschiffhalle" in der Töpfleber Flur. Von nun an fanden dort regelmäßig Luftschifflandungen statt, die stets ein großes Ereignis waren. Gotha machte sich aber auch – im positiven wie im negativen Sinne – einen Namen durch die in der Gothaer Waggonfabrik gebauten Flugzeuge. Im Ersten Weltkrieg waren es außer der berühmten Gotha-Taube vor allem Doppeldecker und die als „Gothas" in die Geschichte eingegangenen berüchtigten Großkampfflugzeuge. Im Vorfeld des Zweiten Weltkrieges wurden dann Übungs- und Sportflugzeuge und schließlich wiederum Kriegsflugzeuge gebaut.

Das neue Thema Fliegerei beschäftigte natürlich umgehend auch die Postkartenverleger. Plötzlich tauchten zahlreiche bereits bekannte Motive mit nunmehr hineinretuschierten Flugzeugen und Sprüchen wie dem abgebildeten auf dem Markt auf.

Der Traum vom Fliegen ist so alt wie die Menschheit. Die Fortschritte im Flugzeugbau führten anfangs des 20. Jahrhunderts zu einer großen Euphorie. Bereits vor den ersten Zeppelinlandungen wurden deshalb solche fantasievollen Postkarten herausgegeben, die Gotha als zukünftige Station im Luftschiffnah- und -fernverkehr darstellten.

Seit August 1909 wurde in der Töpfleber Flur eine 154 Meter lange, 40 Meter breite und 30 Meter hohe Luftschiffhalle gebaut, die damals eine der größten in Deutschland war. Sie konnte bequem einen Zeppelin oder zwei Parsevalballons aufnehmen. Am 9. Juli 1910 erfolgte die feierliche Einweihung und Taufe auf den Namen „Carl-Eduard-Luftschiffhalle". Zunächst war die Einfahrt nur durch einen Segeltuchvorhang abgeschlossen, der jedoch im Frühjahr 1912 durch eiserne Schiebetore ersetzt wurde.

Noch vor der Fertigstellung der Luftschiffhalle landete dort am 14. November 1909 das erste Luftschiff – die „Parseval III". Trotz des schlechten Wetters strömten viele hundert Gothaer dorthin, um die Landung des Militär-Lenkluftschiffs mitzuerleben. Mit dem Militärkreuzer „M 3" konnte dann am 28. Juli 1910 das erste Luftschiff in die inzwischen fertiggestellte Halle einfahren. Bei der zweiten Landung am 23. Oktober wurde die „M 3" jedoch leckgeschlagen.

Am 6. September 1911 landete mit der „Schwaben" der erste Zeppelin in Gotha, der auf der obigen Postkarte gerade über der Bahnhofstraße schwebt. Damals wurden sogar Rundflüge nach Eisenach für „nur" 200 Mark veranstaltet. Am 10. September sowie am 22. November 1911 landete die „Schwaben" noch zwei weitere Male auf dem Gothaer Luftschiffhafen.

Tausende von Gothaern strömten jedes Mal zur Luftschiffhalle, wenn eine Landung wie die der „Schwaben" bevorstand. Im Hintergrund ist der Seeberg mit dem Kalksteinbruch zu erkennen. Die untere Postkarte zeigt das Luftschiff „Viktoria Luise", das am 10. August 1912 gelandet war, im Inneren der Luftschiffhalle.

Nicht nur die Luftschifflandungen sondern auch Schauflüge waren bei Jung und Alt beliebt. Schulbesuche wie der vom 19. Juni 1912 waren deshalb keine Seltenheit.

Mit der „Hansa" – hier gerade über dem Hauptmarkt schwebend – landete am 13. Oktober 1912 das letzte zivile Luftschiff auf dem Gothaer Luftschiffhafen. Danach waren es nur noch Militär-Luftschiffe.

Natürlich interessierte sich auch das Gothaer Herzogspaar für die Fortschritte in der Fliegerei und besuchte deshalb des Öfteren den Luftschiffhafen. Am 1. April 1912 war hier zusätzlich die „Herzog-Carl-Eduard-Fliegerschule" gegründet worden. Unter der Leitung des Ingenieurs und Fluglehrers Ernst Schlegel wurden dort vor allem Militärflieger ausgebildet.

Ingenieur Schlegel, der Fluglehrer für Eindecker, signierte eigenhändig die obige Postkarte. Als er im Juni 1912 die erste Flugpost nach Erfurt beförderte, erschien die abgebildete halbamtliche Briefmarke, die ebenfalls seine Unterschrift zierte. Die untere Postkarte zeigt Ernst Schlegel in seinem Eindecker vor der Luftschiffhalle.

Weitere Höhepunkte in der Gothaer Fluggeschichte waren die Flugwochen im Frühjahr und Herbst 1911. Vom 17. bis 19. August 1912 fand schließlich ein rein militärisches „Aeroplan-Turnier" des Deutschen Fliegerbundes auf dem Boxberg statt, wobei auch Wurfübungen mit Bomben veranstaltet wurden. Nach dem II. Aeroplan-Turnier im August 1913 wurde schließlich die Luftschiffhalle dem preußischen Kriegsministerium unterstellt.

Im Frühjahr 1913 wurde mit dem fabrikmäßigen Flugzeugbau in der Gothaer Waggonfabrik AG begonnen. Bereits am 23. April stieg die erste so genannte Gotha-Taube zu einem Probeflug auf dem Krahnberg auf. Es handelte sich dabei um einen Eindecker mit wassergekühltem 70-PS-Motor, der natürlich auch auf dem Gelände des Luftschiffhafens erprobt wurde.

Mit Ausbruch des Ersten Weltkrieges wurde die Produktpalette der Gothaer Waggonfabrik schlagartig erweitert. Neben dem Werksgelände entstand eigens ein Flugplatz, wo die in der GWF hergestellten Flugzeuge wie die abgebildeten Doppeldecker gleich zu ihrem Kriegseinsatz starten konnten.

In der Waggonfabrik wurden aber auch Wasserflugzeuge wie der abgebildete Marine-Doppeldecker gebaut. Ihren Höhepunkt erreichte die Gothaer Flugzeugproduktion mit dem Bau von Großkampfflugzeugen. Mit deren Hilfe gelang es 1917 erstmals, britische Großstädte wie London zu bombardieren. Diese Angriffe der „Gothas" forderten seinerzeit mehr als 400 Todesopfer.

Postkarten wie diese, die Gothas damaligen Ruhm als Fliegerstadt verbreiten sollten, hatten im Ersten Weltkrieg Hochkonjunktur. Sie zeigten die Produktpalette sowie die Anwendungsmöglichkeiten der in Gotha hergestellten Kriegsflugzeuge. Die untere Postkarte ziert zusätzlich ein Schulterstück der Gothaer Flieger-Ersatz-Abteilung (Fea) 3.

Die Fea 3 hatte Anfang 1915 die seit März 1914 gegenüber der Waggonfabrik an der Kindleber Straße errichtete Militärfliegerkaserne bezogen. Der Komplex bestand aus einem von Baracken umgebenen massiven Kasernengebäude. Im Vordergrund ist der Eingang mit dem Wachtlokal zu sehen.

Dipl.-Ing. Hackmack verläßt auf dem Gothaer Segelflugzeug den Boden

Der Versailler Vertrag diktierte unter anderem ein Bauverbot für Motorflugzeuge. In Gotha gründete sich deshalb 1922 ein „Modell- und Gleitflieger-Verein". Die Postkarte zeigt den 1923 erfolgten Start von Dipl.-Ing. Hackmack.

Am 13. September 1931 wurde nicht nur ein Gedenkstein für die Gefallenen der Flieger-Ersatz-Abteilung 3 im hinteren Teil der Orangerie eingeweiht, sondern auch durch den Präsidenten des Vereins Luftschiffhafen Gotha ein neuer Gleitflieger auf den Namen „Luftschiffhafen Gotha" getauft.

Sofort nach der Machtergreifung der Nazis kam es ab 1933 zu einer heimlichen und ab 1935 zu einer offiziellen Wiederaufrüstung Deutschlands. Dies betraf natürlich auch die Militärfliegerei. Damit begann Gothas zweite und ebenso kurze Episode als Fliegerstadt. Über den Bau der Flak-Kaserne an der Ohrdrufer Straße wurde bereits auf den Seiten 74 und 75 berichtet.

In der Gothaer Waggonfabrik entstand am 2. Oktober 1933 „im Bewußtsein alter Tradition eine neue Abteilung Flugzeugbau". Zunächst wurden hier zivile Flugzeuge – wie beispielsweise das aus dem Rühmann-Film „Quax, der Bruchpilot" bekannte Übungs- und Schulflugzeug Go 145 – gebaut.

DIE GOTHAS Übungs- und Schulflugzeug Go 145

Auf die Go 145 folgte 1936 das oben abgebildete Reiseflugzeug Go 146, von dem jedoch nur sieben Stück gebaut wurden. Auch von dem Privat-Reiseflugzeug Go 150 wurden nur 201 Stück gebaut, denn mit dem Ausbruch des Zweiten Weltkrieges musste die Produktion erneut auf Kriegsflugzeuge wie Lastensegler und Me (Messerschmitt) 110 umgestellt werden.

Als Luftwaffenstandort bekam Gotha 1936 auch ein eigenes Lazarett, das 1934/35 neben der Flak-Kaserne in der Ohrdrufer Straße zunächst als Heereslazarett für ca. 200 Patienten erbaut worden war.

Am alten Standort der Fliegerkaserne wurde ein neuer Fliegerhorst für das nach dem 1936 tödlich verunglückten Luftwaffenchef benannte Kampfgeschwader „General Wever" gebaut. Abgebildet ist das Stabsgebäude, das 1944 beim Luftangriff auf die Waggonfabrik zur Hälfte zerstört wurde.

5

Die Stadt der Versicherungsbanken

Es ist dem Gothaer Kaufmann Ernst Wilhelm Arnoldi zu verdanken, dass Gotha auch als „Stadt der Versicherungsbanken" in die Geschichte eingegangen ist. Den Grundstein dafür legte der Unternehmer 1820 mit der Gründung der ersten deutschen Feuerversicherungsbank, der 1827 eine Lebensversicherungsbank folgte. Die beiden Unternehmen nahmen nach Arnoldis Tod einen ungeahnten Aufschwung und mussten sich deshalb eigene Verwaltungsgebäude erbauen. Ab 1850 entstand in der Bahnhofstraße nach und nach das so genannte Versicherungsviertel. Bedeutende Gothaer Architekten wie Gustav Eberhard, Ludwig Bohnstedt und Bruno Eelbo wurden mit den Planungen für diese Versicherungspaläste beauftragt, die natürlich auch auf unzähligen Postkarten verewigt wurden. In den 1930er-Jahren gab es sogar zweierlei Sonderstempel, mit deren Hilfe Gothas Ruf als Stadt der Versicherungsbanken verbreitet wurde.

So könnte 1942 diese an die Direktion der Gothaer Feuerversicherungsbank gerichtete Rückantwort mit dem Sonderstempel „Gotha – bekannt durch Versicherungsbanken" abgestempelt worden sein. Außerdem existierte noch der Stempel „Gotha – die Stadt der Versicherungsbanken".

Auf einer Postkarte der Gothaer Feuerversicherungsbank wurde der im Arnolditurm (siehe Seite 94) sitzende Gründer Ernst Wilhelm Arnoldi mit seinem Lebensmotto „Du lebst für dich, wenn du für andere lebst" verewigt.

Auch von dem ersten Verwaltungsgebäude der Feuerversicherungsbank, das von 1841 bis 1888 am Ekhofplatz stand, wurde nachträglich diese kolorierte Postkarte herausgegeben.

1874 bezog die Feuerversicherungsbank für Deutschland den von Ludwig Bohnstedt entworfenen Neubau des Verwaltungsgebäudes in der Bahnhofstraße, der 1902 durch Alfred Cramer nochmals erweitert wurde. Damals entstanden auch der unten abgebildete Sitzungssaal sowie das Vestibül.

Sitzungssaal und Vestibul im Neubau der Feuerversicherungsbank a. G. zu Gotha

Von 1886 bis 1888 wurde in der damaligen Rondelstraße der von dem Berliner Architekturbüro Erdmann & Spindler entworfene Neubau der Generalagentur der Feuerversicherungsbank errichtet. Die untere Luftaufnahme zeigt den gesamten Komplex der Gothaer Feuer. Oben rechts ist das Detail einer Postkarte mit dem bereits erwähnten Werbespruch zu sehen.

Die 1867 gegründete Deutsche Grundkreditbank ließ sich ebenfalls 1874 durch Ludwig Bohnstedt ein Verwaltungsgebäude in der Bahnhofstraße errichten. Ursprünglich gehörte es somit nicht mit zum Versicherungsviertel. 1934 wurde das Gebäude jedoch durch die 1924 gegründete Gothaer Allgemeine Versicherungsbank AG übernommen.

1850 wurde mit dem von dem Hofbaurat Gustav Eberhard errichteten Neubau der Lebensversicherungsbank der Grundstein für das spätere Versicherungsviertel in der Bahnhofstraße gelegt. Bereits nach vier Jahrzehnten machte sich jedoch ein weiterer Neubau notwendig, der 1893/94 nach Plänen des Bohnstedt-Schülers Bruno Eelbo auf der anderen Straßenseite erbaut wurde.

Marmor-Reliefs im Treppenhause der Lebensversicherungsbank a. G. zu Gotha.
Allegorie des menschlichen Lebens (Professor Max Lehnert).

Das Treppenhaus des im Stil der italienischen Renaissance gehaltenen Monumentalbaus ziert ein von dem Leipziger Bildhauer Adolf Lehnert geschaffenes dreiteiliges Marmorrelief, das die Lebensstufen des Menschen allegorisch darstellt. Schon bald machte sich ein Erweiterungsbau notwendig, der zwischen 1921 und 1923 durch German Bestelmeyer projektiert wurde.

Diese
Bücher aus
Ihrer Region sind
im Handel erhältlich:

Sutton Verlag
BÜCHER AUS IHRER REGION

Gotha. Ein Fotoalbum
Matthias Wenzel
3-89702-598-1 | 17,90 € [D]

Gothaer Denkmäler und Gedenksteine
Matthias Wenzel
3-89702-742-9 | 9,90 € [D]

Bilder aus dem Ohratal
Hartmut Ellrich
3-89702-658-9 | 17,90 € [D]

Leben und Wohnen zwischen Ohra und Apfelstädt
Hartmut Ellrich
3-89702-799-2 | 17,90 € [D]

50 Jahre Rallye Wartburg
Horst Ihling
3-89702-797-6 | 17,90 € [D]

SUTTON VERLAG